Os Astros e Você...

Libra

EDITORA EKO

Rua das Missões, 696
89051-000 - Blumenau - SC

Editoração Eletrônica
Big Print Comunicação Visual

Compilação e Texto
Selma Rutzen / Dinaê S. Gelhardt

Revisão
Helena Cristina Lübke

IMPRESSO NA CHINA

Dados Internacionais de Catalogação na Publicação (CIP)
(Câmara Brasileira do Livro, SP, Brasil)

Libra / [compilação e texto Selma Rutzen e Dinaê S. Gelhardt] .
-- Blumenau, SC : Editora Eko, 2009. -- (Os Astros e Você)

ISBN 978-85-7324-622-3

1. Astrologia 2. Horóscopos I. Rutzen, Selma. II. Gelhardt, Dinaê S. III. Série.

08-12032 CDD-133.54

Índices para catálogo sistemático:

1. Horóscopos : Astrologia 133.54

ÍNDICE

Sétimo signo do zodíaco,
Libra é o símbolo do equilíbrio
no começo da segunda metade do zodíaco.

Sempre que possível,
os librianos evitam pontos de atrito.
Pacifistas amáveis que são, sempre tentam
aplicar a diplomacia entre os envolvidos.
Os nativos de Libra possuem um elevado
senso de justiça, são inteligentes,
objetivos e amantes da verdade.

Quando ocorrem desentendimentos
à sua volta, o libriano envolve-se e fica
tomado por compaixão de si próprio.
O libriano costuma demorar a encontrar
a relação certa e, por essa razão,
muitas vezes é visto como alguém
que só procura casos passageiros.
A necessidade que ele sente de pesar tudo
com exatidão conduz à indecisão.
Preguiça e vaidade também são atribuídas
aos nativos de Libra.

Libra

(23 de setembro a 22 de outubro)

Simbologia

Regente planetário

Vênus é o regente do signo de Libra.

Os nativos de Libra, sob a influência de Vênus, são pessoas amáveis cujo desejo maior é uma relação a dois duradoura. Além disso, Vênus concede aos librianos uma ampla inclinação a todas as coisas boas da vida.

Símbolo do signo

Na era do computador, Libra é representada por:

♎

Elemento regente

O ar – que está para os sentimentos e percepções.

Os nascidos sob o signo de Libra – em total concordância com seu símbolo – antes de mais nada, avaliam, pesam as coisas. Por essa razão são indicados para intermediar situações complicadas.

Libra no firmamento

Na época da primavera, Libra pode ser vista com facilidade no céu noturno.

A constelação é composta por estrelas de muito pouco brilho. A estrela principal distancia-se 65 anos-luz da Terra (1 ano-luz equivale a 9,46 bilhões de quilômetros) e nas noites claras pode ser vista através de um microscópio comum. Quando a localizamos, parece uma estrela dupla que gira.

A constelação de Libra na mitologia

Na antiga mitologia egípcia, eram os deuses com suas balanças e seus pratos que pesavam a alma dos mortos. O julgamento que esses deuses faziam sobre os mortos era de acordo com o demonstrado pela balança – mais boas ações ou mais maldade.

Na mitologia grega, Zeus incumbiu sua filha Dike de ser uma espécie de agente secreta a serviço do Olimpo. Deu a ela uma balança e a ordem de observar com rigor se o povo seguia as leis e regulamentos por ele emitidos. Dike então usava a balança para pesar o cumprimento das ordens e as contravenções feitas pelo povo. Periodicamente, Dike relatava a Zeus o observado para que este castigasse ou premiasse os observados. E Zeus em pessoa colocou a balança da filha no firmamento para que servisse de alerta aos mortais e estes não se esquecessem de agir segundo os preceitos de justiça do deus dos deuses.

Características

Preferências e conhecimentos acerca desta constelação

Amor: Conjugal

Qualidade: Cardeal (atividade)

Qualidade essencial ao equilíbrio: noção do eu, autossuficiência e independência

Maiores virtudes: encanto social, charme, tato e diplomacia

Necessidades mais profundas: amor, romance e harmonia social

Características a evitar: violação de princípios para ser socialmente aceito

Signos de maior compatibilidade: Gêmeos e Aquário

Signos de maior incompatibilidade: Áries, Câncer e Capricórnio

Dia Favorável: Sexta-feira

O número de Libra na Numerologia
Seis! O número da retidão. Mas da teimosia e presunção também.

Cores: Amarelo-limão, azul e verde-claro, rosa e tons de bege.

Animais: Gato, cachorro e lagartixa.

Comidas: Pizza, massas, saladas, comida caseira. Além disso, o libriano não faz muita escolha. Come tudo de que gosta.

Flores: Os nascidos sob o signo de Libra amam as flores do amor: de cor rosa ou lilás. Mas eles também adoram e se encantam com as flores da primavera, sobretudo as que surgem por primeiro.

Árvores: O álamo e o cedro fascinam o libriano.

Cidade: Aquelas à beira-mar ou à beira de rios, como Londres, Paris e Rio de Janeiro.

Países: Países da América do Sul e América do Norte. Sentem-se atraídos também por regiões misteriosas, como Burma e o Himalaya. E a Itália e a França naturalmente.

Personalidade

Particularidades positivas

Os nativos de Libra apreciam a companhia de outras pessoas. São excelentes diplomatas; tentam de todos os modos fazer pontes entre dois brigados, além de um amplo senso de justiça que os acompanha. Os librianos também são inteligentes, amantes da verdade e muito atentos.

Particularidades negativas

Os nascidos sob Libra apresentam elevada tendência à compaixão por si próprios. Sobretudo, quando estão em ambientes sem harmonia, ou quando são decepcionados por outros. E a constante procura pelo parceiro ideal pode atribuir-lhes o título de namoradores. Preguiça, vaidade em excesso e melindres igualmente são atribuídos aos librianos.

O objetivo de vida de Libra

O nativo de Libra precisa de um parceiro firme. Assim sendo, afirma: "unidos seremos fortes e curtiremos a harmonia verdadeira!"

AFETIVIDADE

Libra e o amor

Ela: "como é que eu conquisto um homem?" Este poderia ser o tema de um debate, conduzido por uma menina de Libra, naturalmente. Pois nenhuma de qualquer outro signo é tão predestinada como esta. E se ela decidir que alguma figura masculina deva morder o anzol, com a finalidade de um relacionamento, ela fará de tudo, inclusive nos mínimos detalhes, para que a intenção tenha êxito. A residência dela ela vai transformar num confortável ninho de amor: velas, flores e champanhe. Ela própria, então, será um sonho feito de veludo e seda, envolta numa nuvem de perfume caro. O cabelo, a pele e toda a sua apresentação pessoal, enfim, obra de um mestre de beleza.

Se, após um longo jantar a dois, o homem dos sonhos da libriana finalmente aterrissar na cama dela, ali vai encontrar a sobremesa mais erótica que possa imaginar. Ela sabe como chegar ao êxtase com seu corpo bem cuidado. E, se para concluir, ele ainda não caiu de cara com toda a produção dela, mas ainda fizer elogios, terá, não só uma mulher, mas várias em sua intimidade: amante refinada, corsa tímida, virgem virtuosa. Nos finalmente, a libriana adora longas e variadas preliminares, beijos delicados e carícias.

As damas de Libra possuem uma vocação natural para o amor e o sexo.

Ele: com as mulheres ele não é nenhum super-homem. Também não as troca como troca de camisa. Para ele, isso é coisa que os outros fazem. O libriano precisa de algo para o coração. Harmonia, uma relação estável. Apaixonado até as orelhas, ele casa com a primeira amiga mais próxima, pois tem dificuldade em dizer não. Quer chegar à velhice em paz e tranquilidade e na companhia de sua amada.

Mas se, contrariando todas as previsões, ocorrer uma separação, ele chora por muito tempo. Sobretudo pelas perdas na cama, pois ele acompanha a tudo que for solicitado. Só recusa enfaticamente as vulgaridades. Enfim, até na cama o homem de Libra permanece um cavalheiro – de ponta a ponta.

Zonas erógenas

Os nascidos sob Libra têm suas regiões erógenas nas costas e nádegas. Se o parceiro souber se ocupar devida e longamente com essas partes do corpo, o libriano vai à loucura.

Problemas no relacionamento

Brigas e intrigas são insuportáveis para os nativos de Libra. Se frequentes, a consequência será o fim do relacionamento.

Para quem quiser se livrar do libriano, basta não lhe dirigir mais palavras agradáveis, esquecer dos elogios, abrir seus correios, mas, sobretudo, comentar sobre a aparência dele (rugas, por exemplo!).

Antes que se dê conta, o libriano se foi.

O relacionamento de Libra com os demais signos

O homem de Libra e a mulher de Áries

Desde o primeiro encontro, ela o deixa saber que ele é o seu príncipe encantado! Um herói montado sobre um cavalo branco que apareceu para levá-la ao seu castelo encantado! Por algum tempo as coisas realmente vão bem entre os dois.

Na intimidade, sobretudo, entendem-se muito bem. Ele fica maravilhado com o fogo dessa sedutora. Mas lamentavelmente ela descobre que outras mamães também têm filhos bonitos e não perde uma oportunidade para namorá-los. E ele não aceita ser colocado de segunda mão. Assim sendo, nem as melhores experiências vividas entre quatro paredes evitam que o caso se termine. Ele vai satisfazer sua necessidade de harmonia em outro lugar.

A mulher de Libra e o homem de Áries

Será que ela vai conseguir fazer dele um cavalheiro ou não? Afinal, ela é uma mulher respeitada, e ele um tanto quanto inculto, grosseiro. Mas o brilho masculino dele e, mais ainda, seu potencial agradam-na muito. Ela, portanto, fará de tudo para modificá-lo. Depois, é possível que dê certo entre os dois.

Uma dica aos homens de Áries: elogiar é o caminho certo quando se conhece uma menina de Libra e se quer ficar com ela nos braços para todo o sempre.

O homem de Libra e a mulher de Touro

Amor, amor e mais uma vez amor é o que une esses dois protegidos de Vênus. Além disso, a queda por beleza, luxo, prazeres. Ambos querem possuir, de preferência um ao outro. Em longo prazo, porém, esse fato poderá ser o ponto de ruptura desse relacionamento tão harmonioso. Mas como o libriano é muito compreensivo, é possível que se dê bem com a natureza teimosa da dama de Touro.

De todo modo, para uma união pelo resto da vida há poucas chances.

A mulher de Libra e o homem de Touro

Minha nossa senhora! Que grandes sonhadores, que sempre estão no mundo da lua foram se encontrar! Passado o período de se conhecerem, virá o da monotonia.

Não haverá mais emoção entre os dois, inclusive na cama! Ali mesmo poderiam fazer publicidade para soníferos.

Melhor seria se cada um tentasse um outro parceiro, mais entusiasmado.

O homem de Libra e a mulher de Gêmeos

É a relação ideal se ambos mantiverem seus impulsos sob controle e não partirem para cima do outro por qualquer ninharia. Ambos são de temperamento forte e possuem muitas características comportamentais idênticas. Debaixo dos lençóis se entendem maravilhosamente bem. Só alegrias.

Se o libriano abrir mão de controlar constantemente a geminiana, é possível que os dois formem um casal muito bem casado.

A mulher de Libra e o homem de Gêmeos

Pode-se afirmar tranquilamente que ele faz parte dos favoritos dela. É que o homem de Gêmeos é tão encantador a ponto de, mesmo depois de casados, continuar a paquerar a mulher.

Inclusive na cama, ele sabe fazer bonito. O cardápio servido por ele, com a entrada inclusive, é tão completo que dispensa as habilidades dela. Se ele se esforçar para encarar o dia-a-dia devidamente e deixar de só contribuir com conversa mole, há boas chances de um futuro róseo para os dois.

O homem de Libra e a mulher de Câncer

No campo sexual estes dois são encantados um pelo outro.

Mas a praticidade da dama de Câncer faz com que ela se irrite com o sistema consumista do libriano. Ela simplesmente não entende por que ele precisa sempre comprar o último modelo da sua marca preferida de automóvel. Só faz dois anos que ele comprou o atual. E lá vai ela apresentar-lhe o cálculo do prejuízo com a troca. Ele até concorda, mas contrariado. Passado algum tempo, porém, vai jogar na cara dela que ela quer mandar nele. Esse libriano nunca será um cara prático e racional! Portanto, senhora canceriana, diga adeus!

A mulher de Libra e o homem de Câncer

Os dois se atraem eroticamente como um ímã. Passam horas de muitas carícias, o que sempre acaba com o ápice no prazer. Nada nem ninguém consegue distraí-los nesse castelo de volúpia. Ela, no entanto, volta rapidamente à realidade, trazida pelo azedume que seu companheiro de Câncer não consegue deixar de lado.

Ainda mais quando começa a implicar, achando que a extrovertida libriana está olhando para outros homens. A hora de se cansarem um do outro não demora e a separação será inevitável.

O homem de Libra e a mulher de Leão

Não há relação mais acertada! Ele apareceu, olhou e amou! Ela é a princesa dos sonhos do libriano! Ele, o príncipe encantado dela! Ele mima a leonina de todos os modos. Ela nunca reclama com o modo de vida dele, pois também adora as coisas boas e o conforto. Também entre as quatro paredes o sol brilha para esses dois. Eles amam sexo e praticam a fantasia livre. Um satisfaz os desejos e necessidades do outro da forma mais espetacular possível.

Eles têm tudo para ser um casal absolutamente feliz.

A mulher de Libra e o homem de Leão

Os dois são muito felizes com a conquista de um ao outro. Ela, então anuncia a todo instante: "Vejam só que homem que eu arrumei!" Ele, por sua vez, vangloria-se o tempo todo da beleza e charme dela.

Ela sente aconchego e bem-estar em companhia dele.

Como os dois podem ser amantes com bastante fogo, um casamento cheio de amor e bem-sucedido é muito provável.

O homem de Libra e a mulher de Virgem

Na verdade, a reservada e econômica Virgem deveria dar graças a Deus que um homem fantástico como o libriano tenha colocado os olhos nela. Ela deveria curtir a vida ao lado dele, em vez de só pensar em segurança material. E se ela não mudar seus hábitos, o homem de Libra, que tanto aprecia a harmonia, logo vai tomar outro rumo e gostar de outras lindas filhas da natureza.

A mulher de Libra e o homem de Virgem

Com certeza não vai dar certo! Ela é mal acostumada pelo luxo, pela vida boa e larga. Ele, pão duro e detalhista. Embora ele a ache extremamente atraente e se concentre para que dê certo, em longo prazo ela não será feliz ao lado dele.

Ele é objetivo demais para estar constantemente aos pés dela para agradá-la. Ela, no entanto, precisa dos mimos dele. Provavelmente a libriana terá de continuar a procurar seu príncipe encantado.

O homem de Libra e a mulher de Libra

Estes dois deveriam combinar muito bem! Os mesmos interesses, a mesma visão de mundo, ambos amam o luxo e uma vida sem preocupações. E é aí que está o ponto nevrálgico: um dos dois terá de se mexer para ganhar dinheiro para a vida que tanto gostam! As intrigas então serão inevitáveis, porque como já se sabe, ambos inclinam para a preguiça e a despreocupação.

A mulher de Libra e o homem de Libra

O desejo dela é ficar nas carícias com ele por toda a eternidade. Por algum tempo até vai dar certo, mas depois ambos estarão diante de uma decisão que terão de tomar, da mesma forma como o homem de Libra e a mulher de Libra.

O homem de Libra e a mulher de Escorpião

Por que é que esta mulher é tão ciumenta? Não resta dúvida de que este homem é atraente e a mulherada o cerca, mas ele botou o olho foi na mulher de Escorpião.

Assim sendo, ela deveria controlar prontamente seu impulso dominador e confiar no libriano. Afinal, o calor e o carinho do homem de Libra proporcionam equilíbrio interior à dama de Escorpião, além de assegurar uma relação intensa que poderá resultar num casamento de muita paixão.

Ele, o homem de Libra, de todo modo, fará de tudo para que isso aconteça.

A mulher de Libra e o homem de Escorpião

Convenhamos! Ele é um amante fantástico! Após algumas semanas, porém, ela não consegue mais se livrar da sensação de servir de escora a ele. Ela precisa de algumas horas livres para ocupar-se consigo mesma. Ele não tem percepção para isso. Também não percebe que deveria elogiá-la, enchê-la com palavras de amor. É questionável, portanto, se ela vai tolerar essa ausência por muito tempo.

O homem de Libra e a mulher de Sagitário

"Que casal bonito!" – dirão as mães emocionadas na hora do casamento aos pés do altar. Mas até chegar ali, até o libriano conseguir levar esta mulher ao compromisso, muito esforço teve de ser despendido. É que ela é uma amante da liberdade, uma amazona que não aprecia nada relacionado a anéis de aliança e cartório civil. Mas, mesmo assim, o charme dele enlaçou-a.

Ele a enche de provas de amor e agrados e ainda transforma as palavras dela com tamanha habilidade que, ao final, parece ser ela a formular o pedido de casamento.

Ela também não terá do que se arrepender.

A mulher de Libra e o homem de Sagitário

Ela nunca vai sentir tédio com este homem. O espírito de aventura dele fascina a ela. Afinal, é através dessas experiências dele que ela conhece o mundo e suas atrações. Sozinha, sem um homem desses ao seu lado, ela não teria coragem de ir em frente. Além disso, na intimidade dos dois também só há alegrias.

Ela poderia viver mil anos de felicidade ao lado do sagitariano, não fosse o pânico dele em relação ao compromisso que traz uma união.

Ela terá de empregar um trabalho de herói para convencê-lo acerca das vantagens de um lar e de um ponto fixo.

O homem de Libra e a mulher de Capricórnio

Neste caso, é possível partir do princípio de que, em longo prazo, não vai dar certo.

A fidelidade aos objetivos, a minúcia nos detalhes e o modo planejado que ela usa no dia-a-dia – tudo isso para ele é muito penoso.

Ele, inspirado por Vênus para o amor, atormenta-se pelo fato de ela não inclinar para o sexo. Ela não suporta a lentidão dele.

Conclusão: é melhor se separarem logo após se conhecerem.

A mulher de Libra e o homem de Capricórnio

O homem de Capricórnio raramente dirige a palavra à mulher de Libra.

Ela, por sua vez, coloca o capricorniano no grupo dos enfadonhos. Ela não reconhece a chama ardente da paixão dele, a cordialidade que o faz ser tão próximo e unido a ela.

Portanto, não será por muito tempo que ela vai ficar com ele.

O homem de Libra e a mulher de Aquário

Para estes dois, o sexo tem papel de grande importância. As preliminares e os finalmente contemplam ingredientes dos mais refinados. Assim como também a sobremesa é só de prazeres. Os dois vão se dar maravilhosamente bem: adoram viajar, conviver com outras pessoas e circular na melhor sociedade.

As damas de Aquário são habilidosas e passíveis de mudanças. Se for preciso, elas fecham compromissos, passam a mão na cabeça do companheiro e, ainda assim, fazem valer a vontade delas. Muitas vezes eles nem percebem.

Caso os dois arrisquem um casamento, será uma relação tumultuada.

A mulher de Libra e o homem de Aquário

Neste caso, os pontos em comum são em grande quantidade. Ambos são entusiastas por empreendimentos e se interessam por muitas coisas. A monotonia não tem nenhuma chance! A libriana, em todo caso, terá de ficar bem alerta para que o canalha não apronte das suas em excesso. Mas com sua amabilidade e charme, ela vai conseguir com que ele extravase sua vontade de caçar entre as quatro paredes da própria casa. Da maneira mais gostosa possível!

O homem de Libra e a mulher de Peixes

Ela não possui nenhuma característica da mulher por ele idealizada – e mesmo assim a mulher de Peixes virou a cabeça do libriano. Ele nem sabe mais onde é frente e onde é atrás. Mas, passadas algumas semanas, a cabeça desse homem volta ao lugar certo. Ele então reconhece que o peixinho pescado não é a mulher com a qual ele sempre sonhou.

A mulher de Libra e o homem de Peixes

Finalmente ela encontrou o homem que se preocupa com ela. Que cuida do bem-estar sentimental dela, que sabe ouvi-la e confortá-la. Ele também tem toda a compreensão do mundo com as "inutilidades" dela. Orgulha-se da sua mulher bonita e bem arrumada, coisa que faz bem ao ego dela e gasta o dinheiro dele sem que ele reclame disso. Ele é o companheiro ideal quando ela se sente infeliz.

Ela é agradecida por isso? Nem sempre! Pois quando ela está por cima, quer atenção, quer sair, divertir-se. Quer estar exposta à admiração de muitos e, sobretudo, flertar! É a ocasião em que o peixe lhe é uma carga, um embaraço.

Se ele enxergar isso, a sensibilidade dele estará ferida e ele, infeliz. Coisa que ela não suporta. Melhor seria se entre esses dois acontecesse apenas um caso passageiro. Mesmo porque, em longo prazo, não haverá nada de sério.

O mundo de sonhos dele não se abre à compreensão dela.

Vida Social

O exterior de Libra

Dizer que os librianos são gordos seria exagero. Magros, entretanto, também não são. As librianas têm mais curvas do que esquinas e seus movimentos são harmônicos, sem nenhum solavanco. O rosto dos nascidos sob Libra normalmente é oval, de traços regulares, boca macia e cheia, olhos grandes. De expressão facial sempre suave, os librianos possuem a voz de tonalidade agradável, mas conseguem rir com muita vontade. Nas mulheres de Libra esse riso autêntico pode passar a risadinhas.

O destino (ou Vênus?) pensou no bem de Libra. As mulheres de Libra são descritas como bonitas. Os homens como bem apresentáveis. Elas têm charme e são bem falantes, coisas que em suas roupas também são muito bem visíveis. Vestidas de jeans ou veludo caríssimo, o efeito sobre quem as vê é o mesmo: elegantes. E mais: tanto faz se a roupa é exclusiva e cara ou de segunda-mão: a libriana a ajeita de tal forma que a deixa sempre bem vestida. Afinal, a roupa para ela é o tom que a deixa provocante. Ela ama perfumes discretos e seu gosto é tão certeiro que dificilmente fará uma compra mal-feita.

Os homens de Libra são igualmente bem cuidados, da cabeça aos pés. Uma calça sem vinco ou uma camisa em que faltem botões os levam ao estado de choque. Os homens librianos são vistos tão fiéis seguidores da moda quanto as mulheres, o que algumas vezes pode lhes dar um toque um tanto afeminado.

Por essa razão, muitos deles veem seus similares librianos como verdadeiros esnobes.

As férias de Libra

O autêntico libriano, aquele que se preza, dificilmente será visto num local em que se pratique turismo de massas. Só a lembrança de talheres de plástico e de comida em quilo deixa seu cabelo em pé. O negócio dele é uma viagem em classe executiva, com champanhe e caviar, rumo à Flórida ou Caribe. Mas se as finanças não o permitirem, as férias do libriano também podem ser num hotel-castelo nas montanhas, com ambiente agradável e serviço uniformizado, de classe. O nascido sob Libra também consegue passar férias maravilhosas entre as próprias quatro paredes ou na sacada. Afinal, o lar para ele é um oásis de conforto e tranquilidade, além de ser muito elegante com as muitas flores que ali cultiva.

Ficando em meio ao maravilhoso ambiente doméstico, o libriano ainda aproveita para curtir museus e exposições de arte, ou encontrar-se com amigos em restaurantes finos. Libra sempre encontra a melhor forma de curtir suas horas de lazer.

Os hobbys de Libra

Como pessoas de bom gosto, os librianos amam tudo o que é bonito e possui estilo.

O maior hobby deles, porém, é a decoração. Arrumam uma mesa com persistência e muito bom gosto: porcelana e copos são combinados, bem como flores, velas e guardanapos. Até o lugar de sentar de cada convidado é arquitetado nos mínimos detalhes. Eles querem que todo mundo se sinta bem na casa deles.

Que muitas librianas são excelentes cozinheiras é muito fácil de ser entendido. As variedades por elas preparadas são simplesmente divinas. As bebidas que acompanham, igualmente.

Outra das paixões dos de Libra é reunir pessoas. Para tanto, uma festa de estilo na própria casa é o mais indicado.

Outro hobby dos librianos é seu amplo bom gosto. Podem ser coleções de porcelana, prata, pinturas de arte, vidros, jóias antigas e carros – nada escapa a eles.

Dizem que há mulheres de Libra cuja inclinação para a apresentação chique pode chegar ao ponto de combinarem cada casaco ao sapato e à bolsa. Uma verdadeira obsessão por excelência e muito dinheiro no bolso, portanto.

Carreira

A profissão de Libra

A questão é muito clara: todas as profissões que têm a ver com leis e justiça são ideais para os librianos. Tanto na função de juiz quanto na de advogado, eles são hábeis na ponderação dos prós e contras da questão.

Os librianos também são encontrados ocupando-se com decoração e designer artísticos. A mulher de Libra sonha ocupar-se com um salão de cosméticos de produtos exclusivos.

Na função de chefe, Libra é um tanto quanto inseguro. Quando as decisões devem ser tomadas com rapidez e precisão, Libra titubeia. Precisa de conselhos. Se for preciso, pode ser até do porteiro. Como colega e funcionário, porém, Libra é excelente. Não é nem arrojado nem alguém que usa sua experiência, mas trabalha sensatamente e com rapidez. Concilia desentendimentos entre colegas e é bem quisto em todo lugar.

Dinheiro e nascidos sob Libra não combinam muito bem! Guardar um pouco, na maioria das vezes, eles não conseguem. É que as coisas belas da vida são muito tentadoras. Quem é que resiste por muito tempo àquele sapato novo e àquele eletrônico recém-lançado? A Libra é que não! E lá se foi o dinheiro.

Mas com todo o ímpeto de consumo, é preciso dizer que eles se equilibram entre receitas e despesas e as coisas que eles compram são de bom gosto de fato.

Librianos famosos

Julie Andrews, Brigitte Bardot, David Ben Gurion, Sarah Bernhardt, Charles Boyer, Georg Büchner, Truman Capote, Lil Dagover, Anita Ekberg, T.S. Eliot, William Faulkner, F. Scott Fitzgerald, Mahatma Gandhi, Heinrich George, George Gershwin, Graham Greene, Václav Havel, Rita Hayworth, Margot Hielscher, Udo Jürgens, Buster Keaton, Heinrich v. Kleist, Frhr. v. Knigge, John Lennon, Franz Liszt, Albert Lortzing, Meat Loaf, Roger Moore, Martina Navratilova, Friedrich Nietzsche, Eugene O'Neill, Luciano Pavarotti, Liselotte Pulver, Max Schmeling, Romy Schneider, Hans Söhnker, Hans Thomas, Luis Trenker, Guiseppe Verdi, Sigourney Weaver, Oscar Wilde, Thomas Wolfe, Bruce Springsteen, Julio Iglesias, Amyr Klink, Michael Douglas, Luís Fernando Veríssimo, Linda Hamilton, Avril Lavigne, Cid Moreira, Washington Olivetto, Marcos Frota, José Mayer, Adriana Calcanhoto, Allan KArdec, Tarcísio Meira, Matt Damon, Miguel Falabella, Paul Simon, Margaret Thatcher, Ralph Lauren, Fernanda Montenegro, Jean-Claude Van Damme, Glória Menezes, Vinícius de Moraes, Marisa Orth.

A saúde de Libra

O ditado "isso me atacou os rins" serve cem por cento para os librianos. Eles são predispostos a todos os males renais e de bexiga. Igualmente toda a região do quadril é suscetível a toda sorte de incômodos. Na distribuição de infecções e resfriados, Libra também se candidata: "eu quero!". Os nativos de Libra, devido à sua fragilidade renal, deveriam ingerir muito líquido: chás, sucos, água.

Os librianos ainda têm o silêncio por hábito quando sofrem de alguma doença. Se o parceiro reconhecer o fato e inspirar ânimo, fará um bem enorme ao libriano. Rapidamente ele se restabelece e o desconforto é esquecido.

SORTE

As pedras da sorte de Libra

Água-marinha: esta pedra é a que protege o libriano de toda sorte imaginável de perigos. Além disso, protege em viagens e no dia-a-dia.

Quartzo gnaisseano: segundo antigos ditados e lendas árabes, esta pedra muda de cor toda vez que algum perigo ameaça a quem a usa.

Além disso, concede ânimo e sabedoria.

Jaspe: os antigos egípcios honravam esta pedra como sendo a pedra do amor. Dela partem sabedoria, justiça, bondade, ânimo e modéstia. Além disso, diz-se que jaspe concede vida longa a quem a usa.

Turmalina verde: diz-se que proporciona muita luz a quem a usa.

Obsidiana: se o nativo de Libra usar uma obsidiana, os falsos amigos ficam afastados. Também repele todo o mal do corpo de quem a usa.

Espiritualidade

A espiritualidade de Libra é "descendente". Os valores espirituais incidem na matéria e nos sentidos, ou seja, o espírito "desce" para a matéria e para a emotividade.

Neste capítulo, com a finalidade de acompanhamento espiritual ou de ajuda, foram escolhidas as entidades denominadas anjos protetores ou de guarda. O anjo representa a energia e a pureza do conhecimento de Deus. Segundo pesquisas exotéricas, o anjo de guarda permanece junto da pessoa desde o dia de seu nascimento até o dia do desencarne (morte). Saiba mais sobre essas entidades especialmente relacionadas ao seu signo e à data de seu nascimento.

Categorias ou qualidades de anjos de guarda e Príncipes correspondentes à proteção de determinados períodos do signo de Libra:

De 23 a 29 de setembro

Qualidade: Virtudes

Categoria angelical que tem como atribuição orientar as pessoas a respeito da missão e cumprimento do karma. Com o poder sobre os fenômenos da natureza, mantém as leis que regem o universo. Promove prodígios e milagres de cura.

Príncipe: Raphael (auxilia os trabalhos de cura, pois traz um frasco dourado, balsâmico e uma flecha ou espada afiada, além de intermediar o casamento legítimo).

De 30 a 7 de outubro

Qualidade: Principados

Categoria angelical responsável pelos reinos, estados e países, preservando também a fauna e a flora, os cristais e as riquezas da terra.

Príncipe: Haniel (auxilia a resolver os problemas de amor, pois é o líder dos cupidos; invocado contra as forças do mal, era o mestre do rei David).

De 8 a 15 de outubro

Qualidade: Arcanjos

Categoria angelical responsável pela transmissão de mensagens, assegurando os bons relacionamentos, a sabedoria e os estudos. São anjos ágeis e querem ver todos felizes nesta existência.

Príncipe: Mikael ou Miguel (Príncipe de Israel, considerado um superanjo, invocado para a coragem, forte defesa e proteção divina).

De 16 a 22 de outubro

Qualidade: Anjos

Categoria angelical da qual Deus mais se utiliza para fazer

milagres, impulsionando a evolução da humanidade através de experimentos e experiências de vida.

Príncipe: Gabriel (É o príncipe dos anjos. Gabriel significa "humanidade de Deus" ou "herói da humanidade". Resgata seus protegidos na Terra para levá-los ao céu).

Identificação do ano de guarda pessoal e atribuições, conforme a sua data de nascimento; horários e dias em que seu anjo estará mais próximo e o número do Salmo para orar, referente a ele:

23 DE SETEMBRO

Anjo Mikael - 13h40min às 14h - 30 de abril, 12 de julho, 23 de setembro, 5 de dezembro, 16 de fevereiro - Salmo 120.

Atribuições do anjo: Ajuda a viajar em segurança. Influencia os empresários e a alta sociedade. Revela as conspirações e desordens da vida política ou social.

24 DE SETEMBRO

Anjo Veuliah - 14h às 14h20min - 1º de maio, 13 de julho, 24 de setembro, 6 de dezembro, 17 de fevereiro - Salmo 87.

Atribuições do anjo: Destrói as forças dos inimigos, liberta os escravos, as pessoas deprimidas ou com vícios. Impulsiona a prosperidade das empresas e fortifica os que ocupam posição de destaque.

25 DE SETEMBRO

Anjo Yelaiah - 14h20min às 14h40min - 2 de maio, 14 de julho, 25 de setembro, 7 de dezembro, 18 de fevereiro - Salmo 118.

Atribuições do anjo: Auxilia na vitória em processos e na proteção dos juízes. Protege contra os perigos de armas brancas ou de fogo e dos assaltos.

26 DE SETEMBRO

Anjo Sealiah - 14h40min às 15h - 3 de maio, 15 de julho, 26 de setembro, 8 de dezembro, 19 de fevereiro - Salmo 93.

Atribuições do anjo: Ajuda a confundir as pessoas orgulhosas ou maldosas que oprimem os humildes; estimula a boa vontade e a esperança dos desanimados. Domina a vegetação e tudo o que tem vida e respira. Influencia os elementais que protegem a natureza.

27 DE SETEMBRO

Anjo Ariel - 15h às 15h20min - 4 de maio, 16 de julho, 27 de setembro, 9 de dezembro, 20 de fevereiro - Salmo 144.

Atribuições do anjo: Auxilia a agradecer a Deus os bens que nos envia. Facilita a descoberta de tesouros ocultos. Revela, através de sonhos, os segredos da natureza e ajuda a encontrar objetos que desapareceram.

28 DE SETEMBRO

Anjo Asaliah - 15h20min às 15h40min - 5 de maio, 17 de

julho, 28 de setembro, 10 de dezembro, 21 de fevereiro - Salmo 104.

Atribuições do anjo: Ajuda a conhecer as leis de Deus e a elevar a consciência até Ele. Faz surgir a verdade nos processos e atingir objetivos e metas construtivas. Facilita a compreensão dos atos divinos, materializados na natureza.

29 DE SETEMBRO

Anjo Mihael - 15h40min às 16h - 6 de maio, 18 de julho, 29 de setembro, 11 de dezembro, 22 de fevereiro - Salmo 97.

Atribuições do anjo: Protege as pessoas que re-correm à luz, que têm premonições ou pressentimentos favoráveis. Ajuda a conservar a paz e a união entre os esposos. Concede inspiração para desvendar segredos e tudo o que precisa ser descoberto. Facilita a geração sadia das espécies, a amizade e a fidelidade conjugal.

30 DE SETEMBRO

Anjo Vehuel - 16h às 16h20min - 7 de maio, 19 de julho, 30 de setembro, 12 de dezembro, 23 de fevereiro - Salmo 144.

Atribuições do anjo: Ajuda a elevar a Deus todas as manifestações benéficas, colabora para a glorificação de todas as pessoas e para a admiração do reino celestial.

1° DE OUTUBRO

Anjo Daniel - 16h 20min às 16h40min - 8 de maio, 20 de julho, 1° de outubro, 13 de dezembro, 24 de fevereiro - Salmo 102 ou 103.

Atribuições do anjo: Auxilia a obtenção da misericórdia de Deus e de consolo. Favorece a justiça, o clero e a magistratura. Inspira contra a indecisão ou embaraço, quaisquer que sejam os motivos.

2 DE OUTUBRO

Anjo Hahasiah - 16h40min às 17h - 9 de maio, 21 de julho, 2 de outubro, 14 de dezembro, 25 de fevereiro - Salmo 103.

Atribuições do anjo: Ajuda a elevar a alma a Deus, contemplar os atos divinos e descobrir todos os mistérios através da consciência e da inteligência.

3 DE OUTUBRO

Anjo Imamaiah - 17h às 17h20min - 10 de maio, 22 de julho, 3 de outubro, 15 de dezembro, 26 de fevereiro - Salmo 7.

Atribuições do anjo: Ajuda a destruir a força dos inimigos, das pessoas que só pensam em humilhar os mais fracos e auxilia todos os que pedem socorro a Ele para a obtenção da liberdade. Protege as viagens em geral e todos os que estão desolados e solitários. Influencia tudo o que está baseado na bondade e nos ganhos monetários provenientes do trabalho honesto.

4 DE OUTUBRO

Anjo Nanael - 17h20min às 17h40mim - 11 de maio, 23 de julho, 4 de outubro, 16 de dezembro, 27 de fevereiro - Salmo 118.

Atribuições do anjo: Protege as altas ciências, influencia os eclesiásticos, os professores, os magistrados e os homens que trabalham com leis.

5 DE OUTUBRO

Anjo Nithael - 17h40min às 18h - 12 de maio, 24 de julho, 5 de outubro, 17 de dezembro, 28 e 29 de fevereiro - Salmo 102.

Atribuições do anjo: Ajuda a obter a misericórdia de Deus e a longevidade. Protege os chefes de estado, os presidentes, os monarcas, os príncipes e todas as pessoas que dedicam sua vida à religiosidade e à caridade. Favorece a continuação e a legitimação das famílias e a estabilidade das empresas. Auxilia as pessoas que necessitam do socorro dos poderosos e propicia uma existência correta e tranquila.

6 DE OUTUBRO

Anjo Mebahiah - 18h às 18h20min - 13 de maio, 25 de julho, 6 de outubro, 18 de dezembro, 1º de março - Salmo 101.

Atribuições do anjo: Auxilia a conquista da vitória em qualquer tipo de atividade. Tem o poder da consolação e também ajuda a proteger as crianças.

7 DE OUTUBRO

Anjo Poiel - 18h20min às 18h40min - 14 de maio, 26 de julho, 7 de outubro, 19 de dezembro, 2 de março - Salmo 144.

Atribuições do anjo: Ajuda a vencer demandas. Favorece a aquisição de prestígio, de fortuna e a propagação de grandes filosofias.

8 DE OUTUBRO

Anjo Nemamiah - 18h40min às 19h - 15 de maio, 27 de julho, 8 de outubro, 20 de dezembro, 3 de março - Salmo 113.

Atribuições do anjo: Ajuda todos os que trabalham por uma causa justa a prosperarem. Auxilia a libertação de pessoas viciadas, encaminhando-as para uma vida mais saudável. Favorece àqueles que trabalham em cidades litorâneas e todos os que exercem funções ligadas ao lazer nessas localidades.

9 DE OUTUBRO

Anjo Iealel - 19h às 19h20min - 16 de maio, 28 de julho, 9 de outubro, 21 de dezembro, 4 de março - Salmo 6.

Atribuições do anjo: Ajuda a eliminar a tristeza, a confundir os maldosos e as falsas testemunhas. Protege contra as maldades e os males dos olhos. Influencia os armeiros, serralheiros e todos os que trabalham, comercializam e negociam produtos de ferro.

10 DE OUTUBRO

Anjo Harahel - 19h20min às 19h40min - 17 de maio, 29 de julho, 10 de outubro, 22 de dezembro, 5 de março - Salmo 112.

Atribuições do anjo: Ajuda a curar os problemas dos órgãos reprodutores, principalmente femininos, favorecendo a vida longa e saudável. Torna as crianças respeitosas para com os parentes, os pais, os colegas de estudo e os professores. Auxilia os corretores de valores, os agentes de câmbio, as pessoas que trabalham em órgãos públicos, arquivos, bibliotecas, e as que possuem quaisquer coleções, principalmente as raras e preciosas.

11 DE OUTUBRO

Anjo Mitzrael - 19h40min às 20h - 18 de maio, 30 de julho, 11 de outubro, 23 de dezembro, 6 de março - Salmo 144.

Atribuições do anjo: Ajuda a curar os males do espírito e livra das perseguições. Influi sobre a fidelidade e a obediência.

12 DE OUTUBRO

Anjo Umabel - 20h às 20h20min - 19 de maio, 31 de julho, 12 de outubro, 24 de dezembro, 7 de março - Salmo 112.

Atribuições do anjo: Favorece as amizades, os estudos de astrologia, psicologia e esoterismo; influencia fortemente as pessoas para que se especializem em pesquisas nessas áreas.

13 DE OUTUBRO

Anjo Iah-hel - 20h20min às 20h40min - 20 de maio, 1° de agosto, 13 de outubro, 25 de dezembro, 8 de março - Salmo 118.

Atribuições do anjo: Ajuda a obter sabedoria, auxilia o aparecimento de ideias luminosas e a apazigua a violência no mundo. Leva as pessoas a uma vida honesta e correta.

14 DE OUTUBRO

Anjo Anauel - 20h40min às 21h - 21 de maio, 2 de agosto, 14 de outubro, 26 de dezembro, 9 de março - Salmo 2.

Atribuições do anjo: Ajuda a encontrar a verdadeira espiritualidade e a obter sabedoria. Protege contra os problemas de saúde e acidentes; conserva a paz nas famílias, neutralizando as maldades dos inimigos.

15 DE OUTUBRO

Anjo Mehiel - 21h às 21h20min - 22 de maio, 3 de agosto, 15 de outubro, 27 de dezembro, 10 de março - Salmo 32.

Atribuições do anjo: Protege contra a raiva, inimizades e acidentes de trânsito. Favorece os que buscam a sabedoria, os professores, os autores e oradores. Influencia os que amam a leitura, as livrarias e todos os que comercializam produtos nesta área.

16 DE OUTUBRO

Anjo Damabiah - 2lh20min às 21h40min - 11 de março, 23 de maio, 4 de agosto, 16 de outubro, 28 de dezembro - Salmo 89.

Atribuições do anjo: Protege contra os sortilégios ou presságios negativos, ajuda a alcançar o triunfo e faz render os empreendimentos. Favorece as pessoas que trabalham em cidades litorâneas, nas expedições marítimas para pesquisas, o comércio com os produtos do mar, marinheiros e pilotos.

17 DE OUTUBRO

Anjo Manakel - 21h40min às 22h - 12 de março, 24 de maio, 5 de agosto, 17 de outubro, 29 de dezembro - Salmo 37.

Atribuições do anjo: Ajuda a acalmar a cólera e tira todas as maldades das pessoas. Influencia a inspiração para a música e a poesia. Domina o mundo dos elementais.

18 DE OUTUBRO

Anjo Ayel - 22h às 22h20mim - 13 de março, 25 de maio, 6 de agosto, 18 de outubro, 30 de dezembro - Salmo 36.

Atribuições do anjo: Consola as pessoas vitimadas por adversidades ou injustiças. Favorece a longevidade, a preservação e a solidificação de bens materiais adquiridos por intermédio do trabalho. Influencia os estudos da filosofia, do misticismo ou religiões. Domina as mudanças.

19 DE OUTUBRO

Anjo Habuhiah - 22h20min às 22h40min - 14 de março, 26 de maio, 7 de agosto, 19 de outubro, 31 de dezembro - Salmo 105.

Atribuições do anjo: Ajuda a manter a paz, a eliminar a força dos maldosos e a curar os problemas de saúde. Exerce influência na agricultura, criação e fecundidade.

20 DE OUTUBRO

Anjo Rochel - 22h40min às 23h - 1º de janeiro, 15 de março, 27 de maio, 8 de agosto, 20 de outubro - Salmo 15.

Atribuições do anjo: Ajuda a encontrar os objetos desaparecidos e aponta quem os escondeu e roubou. Influencia a obtenção de renome, fortuna e sucesso na economia, política e justiça.

21 DE OUTUBRO

Anjo Yabamiah - 23h às 23h20min - 2 de janeiro, 16 de março, 28 de maio, 9 de agosto, 21 de outubro - Salmo 91.

Atribuições do anjo: Domina as gerações e todos os fenômenos da natureza. Protege quem se regenera e se redime através da harmonia, exaltando a Deus e purificando os elementos. Recupera os drogados e os alcoólatras.

22 DE OUTUBRO

Anjo Haiaiel - 23h20min às 23h40min - 3 de janeiro, 17 de março, 29 de maio, 10 de agosto, 22 de outubro - Salmo 108.

Atribuições do anjo: Ajuda a confundir os maldosos e a libertar as pessoas dos vínculos com os opressores. Protege os que buscam a luz da verdade. Domina a vitória e a paz. Concede a força, a energia, o talento e mais segurança em todas as atividades.

ASCENDENTES

O ascendente é o signo que aparece no horizonte na hora do seu nascimento. Em alguns aspectos, é tão importante quanto o seu signo solar ou lunar, já que suas atitudes mais extremas frente à vida são muito influenciadas por ele. Para identificar o seu ascendente, basta procurar no quadro abaixo a coluna correspondente à sua data e hora de nascimento (caso tenha nascido num país em que estava vigente o horário de verão, deverá descontar uma hora).

Você é Libra e nasceu entre:

23/09-03/10	*04/10-13/10*	*14/10-22/10*	*ASCENDENTE:*
18:10-19:10	17:30-18:30	16:50-17:50	Áries
19:10-20:30	18:30-19:50	17:50-19:10	Touro
20:30-22:10	19:50-21:30	19:10-20:50	Gêmeos
22:10-00:40	21:30-00:00	20:50-23:30	Câncer
00:40-03:30	00:00-02:50	23:30-02:10	Leão
03:30-06:10	02:50-05:30	02:10-04:50	Virgem
06:10-08:50	05:30-08:10	04:50-07:30	Libra
08:50-11:40	08:10-11:00	07:30-10:20	Escorpião
11:40-14:00	11:00-13:20	10:20-12:40	Sagitário
14:00-15:50	13:20-15:10	12:40-14:30	Capricórnio
15:50-17:10	15:10-16:30	14:30-15:50	Aquário
17:10-18:10	16:30-17:30	15:50-16:50	Peixes

A seguir, pode-se verificar como cada ascendente influi em seu signo solar.

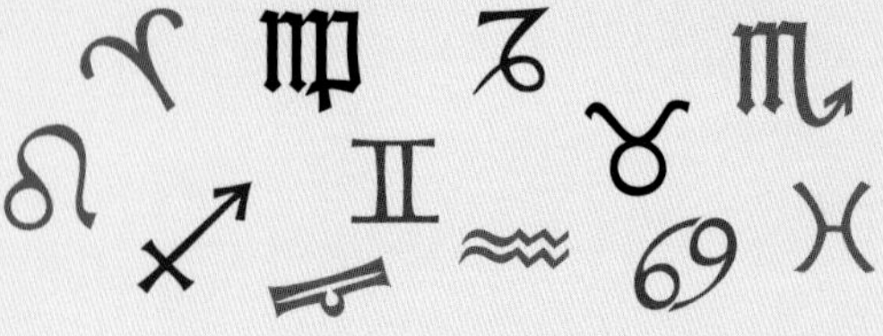

LIBRA-ÁRIES

A força de Áries impulsiona Libra, fazendo-o colocar em prática seus pensamentos, em lugar de desistir de seus ideais. Áries-Libra é o eixo da justiça, formado pelos signos opostos do Zodíaco. O nativo é sensível e colérico, baseando suas ações na afetividade. É capaz de sacrificar tudo pelo outro. Se estiver feliz, demonstra o quanto ama e o quanto quer ser amado. Se for rejeitado, pode afundar em profunda depressão ou no masoquismo, pois ele é do tipo "último romântico".

LIBRA-TOURO

Ambos são regidos por Vênus: a atração pela beleza, o charme e a sensualidade aumentam. Ele próprio reveste-se de elegância, sedução e beleza física. É suave e sincero, egoísta e angustiado, produtivo e insatisfeito, idealista e lúcido, vivendo para o amor e a arte. Está decidido a triunfar. O ascendente Touro lhe concede a constância necessária para concluir os empreendimentos.

LIBRA-GÊMEOS

A combinação favorece o dom das letras, da expressão corporal e da dança. O nativo é sensual, mas muito crítico com os que estão ao seu redor. Diplomático, excelente orador, encantador, mas narcisista, obcecado pelo olhar dos olhos, arriscando-se a criar uma personalidade ilusória de acordo com sua imagem exterior. Atinge o sucesso mais pelo talento de negociador que pela constância. Deve pôr em prática suas brilhantes ideias.

LIBRA-CÂNCER

O ascendente Câncer alimenta o interesse em fazer todo o mundo feliz e ajudar os que necessitam. A lógica de Libra e a intuição de Câncer formam uma combinação perfeita. Acentuam-se as inclinações artísticas, o idealismo e, às vezes, certa insegurança ou carência. O nativo é influenciável, deixa-se levar por emoções e pode sofrer problemas de identidade. No entanto, deve superar estas dificuldades aproveitando sua capacidade de organização, diplomacia e perseverança. Terá êxito nas profissões que envolvem viagens, comunicação social, relações públicas e teatro.

LIBRA-LEÃO

O nativo é mais enérgico, extravagante e extrovertido que a maioria dos librianos. À diplomacia de Libra soma-se o dinamismo de Leão. Complementam-se magnetismo e sedução. Os dotes criativos e a natureza otimista vão conduzi-lo ao êxito. O nativo possui grande capacidade de persuasão e vive cercado de amigos. Visto que tem gosto refinado e senso estético apurado, Leão confere amplitude e força às criações de Libra. Tem dotes para decorador ou músico.

LIBRA-VIRGEM

O ascendente Virgem reforça suas ideias de perfeição e sua capacidade de análise. O nativo tem uma percepção brilhante, é astucioso, diplomático, excelente estrategista, sutil analista e deverá estar aberto a todas as oportunidades de êxito. A inteligência e a sensibilidade dominam esta combinação. O rigor e a lógica estão a serviço da beleza. Um alerta: precisa vencer o sentimento de carência, a timidez e o excessivo pudor que podem excluir a decisão e a audácia. E estar atento para não ser a vítima dos aproveitadores, devido à sua generosidade.

LIBRA-LIBRA

Neste caso, a necessidade de equilibrar a Balança é muito mais evidente. O nativo possui encanto, tato e diplomacia em dobro, o que duplica seu potencial de êxito sempre que se esforce para ser mais decidido e independente. O nativo tende a ser indeciso e flutuante, oscilando entre a leviandade e a seriedade, a superficialidade e a profundidade. É sociável, idealista, altruísta e pacifista.

LIBRA-ESCORPIÃO

O nativo é encantador e repleto de emoções intensas. É mais decidido, uma fonte de energia e atividade. Às vezes, uma mistura atormentada e contraditória (Vênus é o amor e Marte é a guerra), mas fértil. Caracteriza-se pelo jogo sentimental de um lado e, de outro lado, mostra a grande paixão pelo trabalho. Provavelmente escolherá uma profissão liberal, mas precisa conter o aspecto manipulador e ambicioso de sua personalidade. Sua vida ser repleta de paixões dolorosas, agressividade e introversão.

LIBRA-SAGITÁRIO

Mais do que a diplomacia e o charme, esta combinação favorece a ousadia, a segurança e a confiança em si mesmo. O nativo está mais preparado para assumir riscos na conquista do êxito. A ação tem mais força que as palavras. Sagitário o impulsiona a ser mais gregário e a encontrar aliados e protetores. Será eficiente, organizado e capaz de realizar grandes esforços em prol do bem-estar alheio, de sacrificar-se por uma causa.

LIBRA-CAPRICÓRNIO

Com o ascendente Capricórnio, as ambições e os objetivos materiais são prioritários, além do estímulo ao trabalho árduo. Deve fazer com que sua vida profissional não ponha um freio em sua vida social, pois o equilíbrio é necessário para este nativo. Na verdade, dois seres coexistem dentro dele: um é comunicativo, terno, expansivo e frágil; o outro é frio, fechado e forte. Geralmente alcança o êxito a longo prazo, sofrendo diversos altos e baixos, sem chegar ao meio-termo.

LIBRA-AQUÁRIO

É a união da emoção e da criatividade. Mas há o conflito entre o lado excessivamente livre de Aquário e o desejo de companhia. Para obter mais êxito, convém valorizar mais as emoções. Às vezes, o nativo parece indiferente, distante, inacessível, em desacordo com sua profunda sensibilidade, apesar de seu altruísmo e indulgência. Tem predileção pelas viagens.

LIBRA-PEIXES

O nativo é romântico, sensível e muito sonhador. A combinação traz êxito artístico, sempre que tiver estabelecido quais são seus talentos e estiver disposto a praticá-los. Desde o simples artesão ao grande artista, acentuam-se a plasticidade e o temperamento maleável. A pessoa deve lutar contra o caos interior para exteriorizar a originalidade oculta. Quem sabe, tenha necessidade de um auxiliar ou secretário.